Stories of Great People
그레이트 피플

스콧 선장의 스키

글 게리 베일리·캐런 포스터
그림 레이턴 노이스·캐런 래드퍼드
옮김 김석희

밝은미래

글
게리 베일리 캐나다에서 태어나 대학에서 역사학을 공부했으며, 중학교에서 학생들을 가르쳤습니다. 어린이를 위한 교양 도서를 주로 썼으며, 특히 역사와 과학에 관한 것이 많습니다. 지은 책으로 〈고대 문명〉 〈동물들도 말을 한다〉 〈365일 역사〉 등이 있습니다.
캐런 포스터 대학에서 임상심리학을 공부했습니다. 사람들이 당연하다고 여기는 것을 남달리 생각하기를 좋아합니다. 현재 포틀랜드에 살면서 미국 전역을 여행하는 걸 즐깁니다.

그림
레이턴 노이스 영국 캠버웰 칼리지에서 예술학을 전공하고, 이후 약 70권의 어린이 책에 그림을 그렸습니다. 날마다 더 나은 그림을 그리기 위해 항상 노력하는 일러스트레이터입니다.
캐런 래드퍼드 대학에서 일러스트레이션을 공부했습니다. 언제나 즐겁게 그림을 그리려고 노력하는 일러스트레이터입니다.

옮김
김석희 서울대학교 인문대 불문학과를 졸업하고 대학원 국문학과를 중퇴했으며, 1988년 한국일보 신춘문예에 소설이 당선되어 작가로 데뷔했습니다. 영어·프랑스어·일어를 넘나들면서 〈초원의 집〉 시리즈 〈모비 딕〉 〈삼총사〉 〈해저 2만 리〉 〈로마인 이야기〉 〈꽃들에게 희망을〉 〈오즈의 마법사〉 〈이상한 나라의 앨리스〉 〈하룬과 이야기 바다〉 등 2백여 권을 번역했고, 역자 후기 모음집 〈번역가의 서재〉와 귀향살이 이야기를 엮은 〈이 또한 즐겁지 아니한가〉 등을 펴냈으며, 제1회 한국번역상 대상을 수상했습니다.

그레이트 피플
스콧 선장의 스키

초판1쇄 발행 2013년 5월 20일 | 초판4쇄 발행 2019년 3월 26일
펴낸이 도승철 | **펴낸곳** 밝은미래 | **등록** 2005년 5월 2일 (제105-14-87935호) | **주소** 경기도 파주시 회동길 455-2 밝은미래사옥 4층
전화 031-955-9550~3 | **팩스** 031-955-9555 | **홈페이지** http://www.bmirae.com
편집 송재우, 고지숙 | **디자인** 문고은, 강소리 | **마케팅** 김경훈 | **경영지원** 강정희
표지 및 본문 디자인 뭉클
ISBN 978-89-6546-084-8 74990 | 978-89-6546-090-9(세트)

Copyright © 2010 Palm Publishing, LLC All rights reserved.
Korean Translation Copyright © 2012 by Minumin
Korean edition is published by arrangement through EYA.
이 책의 한국어 판 저작권은 (주) 민음인과 독점 계약한 밝은미래에 있습니다.
저작권법에 의해 한국 내에서 보호를 받는 저작물이므로 무단 전재 및 복제를 금합니다. 책값은 뒤표지에 있습니다.

사진 및 자료 : 원저작권사인 Palm Publishing사와의 협의 하에 생략합니다.

차례

러미지 만물상 ………………………… 10
로버트 팰컨 스콧 ……………………… 13
지도자 수업 …………………………… 15
꿈이 이루어지다 ……………………… 16
거대한 남극 대륙 ……………………… 18
얼음의 황제들 ………………………… 19
겨울 기지 ……………………………… 21
제1차 탐험(1901년~1904년) ………… 22
냉동실 생활 …………………………… 24
제2차 탐험(1910년~1912년) ………… 27
조랑말 ………………………………… 29
스콧의 계획 …………………………… 32
극지 탐험 장비 ………………………… 33
남극점을 향해서 ……………………… 35
남극점에서 …………………………… 37
드디어 발견되다 ……………………… 39
스콧 선장이 남긴 것 ………………… 40
어휘 사전 | 찾아보기 ………………… 41

러미지 할아버지

골동품 가게 주인이다. 가게에는 저마다 재미난 사연이 얽혀 있는 물건들이 잔뜩 쌓여 있어 호기심을 자극한다.

디그비

보물 수집가 디그비는 토요일마다 러미지 할아버지의 골동품 가게에서 물건을 고르고, 새로 찾아낸 진기한 물건에 얽힌 사연을 듣는다.

한나

디그비의 누나로, 따지기를 좋아하는 열 살짜리 소녀. 러미지 할아버지가 하는 말은 한마디도 믿지 않는다.

클럼프머거

희귀한 책들을 파는 서점 주인이다. 가게에는 옛 지도와 먼지 쌓인 책과 낡은 신문들이 가득하다.

토요일 아침이면 벼룩시장은 와글와글 활기를 띤다. 장사꾼들은 해가 뜨기도 전에 벌써 자리를 잡는다. 사람들이 잠자리에서 일어날 때쯤이면 좌판이 차려지고, 상자가 열리고, 물건들이 꼼꼼하게 진열된다.

시장 곳곳에 물건들이 수북이 쌓여 있다. 벨벳 천 위에는 귀한 브로치와 보석이 박힌 단검이 있다. 그 뒤에는 유명한 인물들의 초상화가 그려진 커다란 액자, 반들반들한 천에 장식 술이 달린 등잔, 옛날식 세면대가 있다. 이 세면대에 물을 부으면 금이 간 틈새로 물이 뚝뚝 떨어진다. 온종일 상자 속에서 주인을 기다리는 물건들도 있다. 멋진 무공 훈장이 한 줄로 나란히 걸려 있고, 가죽끈 달린 회중시계가 째깍째깍 소리를 내며, 특별한 날 쓰는 은수저와 포크와 나이프가 반짝반짝 빛을 낸다.

하지만 러미지 할아버지의 가게는 뭔가 좀 다르다. 러미지 만물상에는 아무도 갖고 싶어 할 것 같지 않은 온갖 이상한 물건들이 한가득 쌓여 있다.

배가 빵빵한 생쥐 인형을 누가 갖고 싶어할까? 세상에 부러진 주머니칼이나 틀니 한 쌍을 사려는 사람도 있을까?

그런데 러미지 할아버지는 이런 물건들을 모두 갖고 있다. 그리고 여러분도 이미 예상하고 있겠지만, 값도 별로 비싸지 않다!

여덟 살짜리 골동품 수집가 디그비 플랫은 친하게 지내는 러미지 할아버지를 만나러 벼룩시장에 갔다. 토요일이었고, 일주일에 한 번씩 받는 용돈은 거의 바닥나서 주머니에 구멍이 다 뚫릴 지경이었다.

하지만 디그비는 시장에서 파는 아무 물건에나 용돈을 쓸 생각은 없었다. 그건 말도 안 되는 일이었다. 할아버지의 신기한 가게에서 찾아낸 희귀하고 특별한 물건이어야만 했다.

여느 때처럼 누나 한나도 함께 갔다. 한나는 러미지 할아버지 가게에 있는 보물들이 진짜 가치가 있는 것인지 남몰래 의심하고 있었다. 한나는 누나답게 어린 남동생이 '아무짝에도 쓸모 없는 엉뚱한 물건'을 또 하나 사지 못하도록 막아야 한다고 생각했다.

오늘 디그비와 한나는 평소보다 조금 늦게 벼룩시장에 도착했다. 펑펑 쏟아지는 눈 때문에 거리가 하얀 눈에 덮여 있었다.

"나는 추운 날씨가 좋아." 한나가 말했다.

디그비는 누나를 따라잡으려고 애쓰면서 헐떡이는 소리로 말했다.

"나는 개썰매가 있었으면 좋겠어."

"러미지 할아버지한테 있을지도 몰라."

"맞아. 러미지 할아버지는 없는 게 없으니까." 디그비가 대답하고는 러미지 할아버지에게 말했다. "안녕하세요, 할아버지. 눈 좀 보세요. 혹시 썰매 있어요?"

"썰매보다 더 좋은 게 있지."

"저게 뭐예요?" 디그비가 물었다.

"스키란다." 러미지 할아버지의 모자에 눈이 조금 쌓여 있었다. "저 스키는 위대한 남극 탐험가인 로버트 팰컨 스콧 선장의 것이었어."

로버트 팰컨 스콧
Robert Falcon Scott

로버트 팰컨 스콧은 1868년 6월 6일에 영국에서 태어났어. 아버지 존은 양조장을 운영했단다. 존은 해군 집안에서 태어났지만, 바다에 나가기에는 몸이 너무 약했기 때문에 군인이 되지 않았어. 존과 그의 아내 한나는 로버트 팰컨 스콧을 포함하여 여섯 아이를 낳았어. 로버트 팰컨 스콧은 아버지처럼 허약한 아이였어. 하지만 그는 몸을 튼튼하게 하려고 열심히 노력하여 형과 함께 해군에 입대했단다.

용감한 탐험가

로버트 팰컨 스콧은 해군에 입대했지만, 그 시대의 가장 위대한 탐험가 중 한 사람으로 알려지게 되었어. 그는 탐험대를 이끌고 남극 대륙을 두 번 탐험했고, 두 번째 탐험에서는 남극점에 도달했단다. 얼음으로 뒤덮인 남극 대륙의 황량한 바다와 육지를 가로지르는 여행은 믿을 수 없을 만큼 힘들었고, 로버트 팰컨 스콧과 대원들은 남극점에서 돌아오는 길에 모두 목숨을 잃었어. 그는 세계 최초로 남극점에 도달하지는 못했지만, 목표를 이루겠다는 그의 결심과 용기는 사람들의 기억에 살아남아 있어.

"어떻게 하면 탐험가가 될 수 있어요?" 디그비가 물었다.

"스콧이 처음부터 탐험가가 되고 싶었던 건 아니야. 해군에 입대해서 장교가 되고 싶었지." 러미지 할아버지가 대답했다.

"어떻게 하면 해군 장교가 될 수 있어요?" 디그비가 다시 물었다.

그러자 디그비 뒤에서 누군가가 대답했다.

"해군 장교가 되려면 해군사관학교에 가야 돼."

"안녕하세요, 클럼프머거 아저씨." 한나가 말했다.

클럼프머거 씨가 이야기를 시작했다.

"스콧은 용감한 남자였어. 하지만 처음에는 아무도 그렇게 생각지 않았을 거야. 학교 성적도 썩 좋지는 않았어. 생활 기록부에는 백일몽을 많이 꾼다고 씌어 있었지……."

"우리가 아는 누군가와 비슷하군요." 한나가 말했다.

그때 눈덩이가 날아와 어깨를 철썩 때리자 "아야!" 하고 한나가 비명을 질렀다. 디그비가 던진 눈이 멋지게 명중한 것이다!

"백일몽은 그렇게 나쁜 게 아니야." 러미지 할아버지가 클럼프머거 씨와 악수를 하면서 말했다.

"그건 풍부한 상상력을 갖고 있다는 뜻이지. 그리고 때로는 영리하고 똑똑한 것보다 상상력이 풍부한 게 나을 수도 있어."

지도자 수업

스콧은 열한 살 때 해군 학교에 들어갔어. 그는 시험에 합격했고, 2년 뒤 장교 후보생이 되었단다. 불편한 생활 환경과 해군의 엄격한 규율 속에서 그는 불같은 성질과 절망감을 억누르는 법을 배웠어. 무슨 일이 일어나도 규칙에 따르고 정해진 시간까지 맡은 일을 해내는 스콧의 능력은 탐험할 때 매우 도움이 되었단다.

소금에 절인 고기와 양배추

스콧은 처음 탄 '보아디케아호'에서 바다 생활의 어려움에 익숙해지는 법을 배웠어. 그는 소금에 절인 고기, 양배추, 건빵만 먹어야 했어. 그는 곧 '코흘리개'라는 별명을 가진 수습 사관생도가 되었고, 이어서 해군 중위가 되었단다. 이때 배운 결단력은 나중에 남극을 탐험할 때 마주친 가혹한 상황을 대처하는 데 도움이 되었어.

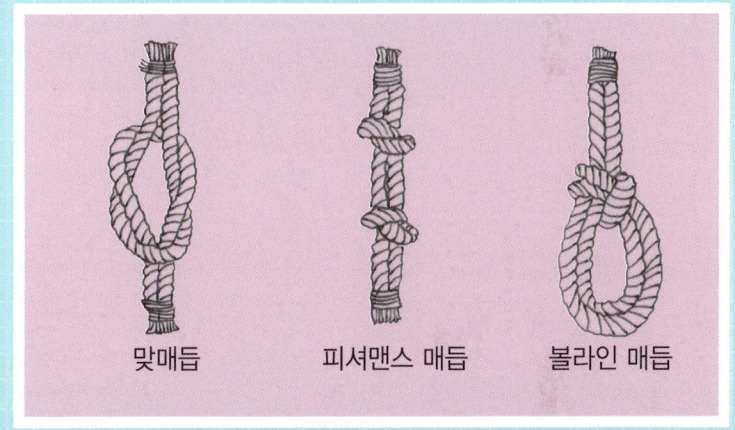

맞매듭 　 피셔맨스 매듭 　 볼라인 매듭

▲ 선원들은 배에서 밧줄을 묶을 때 특수한 매듭을 이용한단다.

강인한 성격

시간이 지나면서 스콧 주위 사람들은 그의 강인한 성격을 알아차리기 시작했어. 한번은 광부들을 배에 태우고 샌프란시스코에서 알래스카로 항해하고 있을 때 악천후를 만났단다. 승무원과 승객들은 겁에 질렸고 싸움이 일어났어. 스콧은 싸움판에 뛰어들어 튼튼한 몸과 강한 주먹으로 상황을 수습했단다. 겨우 몇 년 사이에 그는 허약한 소년에서 당당한 지도자로 성장한 거야.

"그래서 스콧은 해군 장교가 되었나요, 할아버지?"

"그래. 하지만 정말로 높은 자리까지 진급하려면 열심히 노력해야 한다는 것을 알았지. 그래서 스콧은 어뢰와 기뢰를 이용한 해전에 대해 공부했단다. 그리고 시험에서 아주 우수한 성적을 거두었어."

"맞아요." 클럼프머거 씨가 덧붙여 말했다. "스콧은 오래지 않아 700명의 승무원이 탑승하는 '마제스틱호'의 어뢰 담당 대위가 되었지. 네가 관심이 있을지 모르겠다만, 나는 그 배에 관한 서류를 조금 갖고 있단다."

"와아!" 디그비가 외쳤다.

"스콧이 어떻게 극지 탐험가가 되었는지 가르쳐 주실 수 있나요?" 한나가 말했다.

"그건 모두 국립지리학회 간사였던 클레멘츠 마컴이라는 사람 때문이었어." 러미지 할아버지가 말했다.

"극지 탐험가인 마컴은 남극 탐험에 투자하고 싶어 했지. 그래서 탐험대를 이끌 사람을 찾고 있었는데, 스콧이 그 일을 맡게 된 거야!"

꿈이 이루어지다

해군 지휘관이 된 스콧은 클레멘츠 마컴의 꿈을 실현하기 위해 14개월 동안 휴가를 얻었단다. 그는 극지 탐험 기술을 전혀 알지 못했지만, 배와 승무원을 구하고 탐험에 필요한 장비를 갖추기 시작했어.

◀ 디스커버리호

디스커버리호

클레멘츠 마컴의 디스커버리호는 영국 스코틀랜드 던디에서 만들어졌단다. 두꺼운 유빙의 무서운 힘을 견뎌내기 위해 선체는 아주 두꺼운 목재로 만들었어. 배와 수면이 닿는 아랫부분에는 창문이 없고, 프로펠러와 키는 손상되지 않도록 물 위로 들어 올릴 수 있었지. 이 배는 석탄과 돛의 힘으로 항해했단다. 불행하게도 이 배는 바다에 나가자 물이 새기 시작해서, 항해하는 내내 양수기로 물을 퍼내야 했어.

극지 항해 시간대

배가 유빙을 헤치고 나아갈 수 있는 때는 여름 몇 달에 불과해서 남극 대륙에 도달할 수 있는 기회는 여름뿐이었어. 겨울에는 얼음이 너무 두껍고 너무 넓게 퍼져 있었거든. 그래서 제때 남극 대륙에 도착하려면 1901년 8월에 배가 떠나야 했단다.

보급품

배는 고기 통조림과 신선한 채소와 과일만이 아니라 후원사들이 기증한 식량도 가져가야 했단다. 여러 회사에서 기증한 초콜릿 1천 500킬로그램과 깡통에 든 커스터드용 빵가루 수백 통, 밀가루 9톤을 함께 실었단다.

▼ 배 안의 식료품 저장소란다.

과학 여행

탐험의 목적은 단순히 미지의 땅을 찾거나 남극점에 도달하려고 애쓰는 것만이 아니었어. 과학적 실험을 수행하고 과학적 자료를 수집하는 것도 탐험의 목적이었지. 그래서 대원들은 해군 장교와 병사들과 과학자들로 이루어졌어. 이 배에 탄 과학자들은 장교와 같은 대우를 받았단다.

거대한 남극 대륙

얼어붙은 황야

스콧과 대원들은 남극 대륙 일부를 가로질러 가기 시작했어. 남극 대륙은 거대한 산맥들과 고원과 빙하와 빙붕으로 이루어져 있었단다.

로스 빙붕 너머와 남극 대륙 해안을 둘러싼 바다는 끊임없이 움직이는 바다얼음으로 덮여 있단다. 바다얼음은 몹시 추울 때는 단단하게 얼어붙은 장벽을 이루고, 날씨가 따뜻해지면 깨져서 이리저리 떠다니는 유빙이 되지. 바다에는 1년 내내 유빙과 빙산이 점점이 흩어져 있단다.

▲ 바다표범이 차가운 바다에서 수면 위로 머리를 내밀고 있어.

남극 대륙의 동물

남극 대륙은 나무 한 그루 보이지 않고 돌아다니는 동물도 없었기 때문에 생명이 없는 대륙처럼 보였어. 하지만 스콧의 탐험대는 해안 주위에서 펭귄 떼와 바다표범, 도둑갈매기와 신천옹 같은 아름다운 새들을 발견했단다.

▲ 남극 대륙은 눈과 얼음으로 이루어진 거대한 땅이란다.

남극의 겨울

남극 지방의 겨울은 4월부터 10월까지 계속된단다. 그동안 기온은 영하 40도 언저리를 맴돌지. 태양은 몇 주 동안 뜨지 않고, 세찬 눈보라가 휘몰아친단다.

 얼음의 황제들

스콧과 대원들은 남극 대륙에 도착해서 황제펭귄들이 배를 깔고 엎드려 얼음과 눈 위를 무서운 속도로 미끄러져 내려오는 것을 보았어. 디스커버리호가 닻을 내린 곳에서 그리 멀지 않은 얼음 절벽에서 차가운 바다로 뛰어드는 펭귄들을 볼 수 있었단다.

방수 코트

펭귄들은 남극 대륙 해안 근처에서 큰 집단을 이루어 살고 있단다. 그중 황제펭귄이 가장 크지. 황제펭귄은 때로는 기온이 영하 50도까지 내려가는 추운 지방에서 살아야 한단다. 황제펭귄의 깃털은 방수 코트처럼 몸이 물에 젖지 않게 해 주고 따뜻하게 몸을 감싸 준단다. 깃털 밑에 있는 지방층도 역시 추위에서 몸을 보호해 주지.

겨울에 용감하게 맞서기

겨울이 시작되는 3월에 대다수 동물들은 남극 대륙을 떠난단다. 하지만 황제펭귄들은 용감하게 남아서 얼음 위에서 몇 달 동안 길고 추운 겨울을 보내지. 이때 새끼를 낳아서 키운단다.

암컷은 알을 한 개만 낳고 내버려 둔 채 바다로 물고기를 잡으러 간단다. 얼어붙은 남극 대륙을 80킬로미터나 '걸어서' 바다로 가는 거야. 그러면 수컷 황제펭귄이 알을 돌본단다. 수컷은 물갈퀴가 달린 발 위에 알을 올려놓고 '육아낭'이라고 불리는 피부층으로 알을 감싼단다. 수컷은 약 65일 동안 계속 이런 자세로 서서 버티지.

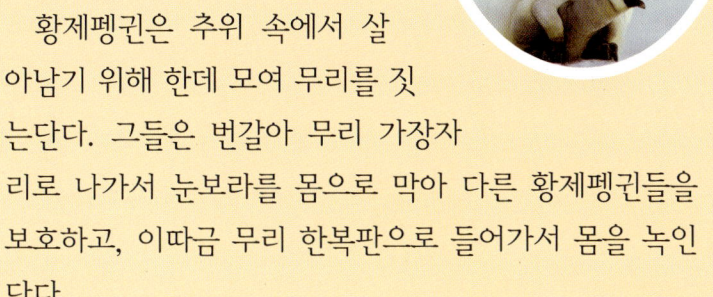

황제펭귄은 추위 속에서 살아남기 위해 한데 모여 무리를 짓는단다. 그들은 번갈아 무리 가장자리로 나가서 눈보라를 몸으로 막아 다른 황제펭귄들을 보호하고, 이따금 무리 한복판으로 들어가서 몸을 녹인단다.

마침내 암컷이 갓 부화한 새끼에게 줄 먹이를 가지고 돌아오면 이제 암컷이 새끼 돌보는 일을 이어받고, 새끼는 다시 두 달 동안 어미의 육아낭 속에 머물지. 새끼가 조금 자라면 '펭귄 유치원'에 간단다. 그래서 부모 펭귄은 새끼에게 먹일 물고기를 잡으러 갈 수 있지.

▼ 펭귄들은 체온을 유지하려고 떼를 지어 모여 있단다.

"스콧은 탐험대를 지휘하게 되었고, 배 안에서 엄격한 규율을 강조했지." 러미지 할아버지가 말했다. "스콧의 탐험대는 다른 극지 탐험대와는 달리 싸움이나 말다툼이 전혀 일어나지 않았어."

"남극 대륙에 도착한 탐험대는 어데어곶 앞바다에 닻을 내렸단다." 클럼프머거 씨가 말을 이었다. "스콧의 계획은 탐험가 로스보다 더 동쪽에 있는 해안을 탐험하는 것이었어. 하지만 그러려면 그레이트배리어 가장자리를 따라 항해해야 했어."

"그게 뭐예요?" 디그비가 물었다.

클럼프머거 씨는 빙긋 웃고 나서 말했다.

"그레이트배리어는 지금은 '로스 빙붕'이라고 부르는데, 프랑스만 한 크기의 거대한 얼음덩어리야. 이 얼음덩어리는 남극 대륙 해안의 거대한 만 하나를 가득 채우고 해발 150미터 높이까지 솟아 있지. 그 안에 갇히면 아주 위험해! 얼음의 압력 때문에 아무리 거대한 배도 몇 분 안에 성냥갑처럼 부서져 버릴 테니까. 놀랍지?"

"우와!" 디그비가 들뜬 목소리로 말했다.

"마침내 스콧은 맥머도사운드라는 후미로 돌아갔고, 대원들은 거기에 기지로 삼을 오두막을 지었단다. 하지만 한번은 그레이트배리어를 끼고 가다가 멈추고 기구를 타러 갔어."

"뭐라고요?" 한나가 숨을 헐떡이며 외쳤다.

"그래." 클럼프머거 씨가 설명했다. "탐험대는 한 사람만 탈 수 있는 바구니가 달린 수소 기구를 배에 싣고 갔단다. 스콧이 맨 먼저 탔지만, 공중으로 올라간 뒤 밖으로 내던진 모래주머니의 무게를 잘못 계산해서 하마터면 추락할 뻔했어. 다음에는 어니스트 섀클턴이라는 대원이 기구를 타고 올라가서 사진을 찍었지. 바람이 거세지면서, 다행히 탐험대는 기구에 찢어진 곳이 있고 가스 밸브에 결함이 있는 것을 알았단다. 그들은 운좋게 재난을 면했고, 사상 처음으로 남극 대륙 상공을 비행했지."

 # 겨울 기지

스콧은 탐험대를 남쪽으로 최대한 멀리까지 데려가고 싶어 했단다. 하지만 겨울에는 남극 대륙을 탐험할 수 없었어. 그래서 스콧은 기지를 세워 긴 겨울 동안 지내기로 결정했단다.

◀ 남극 바다에 떠 있는 빙산이란다.

▲ 스콧의 탐험대가 베이스캠프를 친 '헛 포인트'란다.

▲ 1차 탐험 때 디스커버리호에 물자를 보급하러 간 '테라 노바호'에서 보급품이 운반되고 있어.

헛 포인트

대원들은 디스커버리호가 얼음에 에워싸여 있던 '헛 포인트'에 기지 역할을 할 오두막을 세웠단다. 과학자들은 이 기지에서 여러가지 실험을 할 수 있었어. 날씨를 관찰하고 기록하는 일, 지질 실험을 위해 암석을 채집하는 일, 밤하늘을 관측하는 일도 할 수 있었단다. 대원들은 디스커버리호 안에 머물렀지만, 배와 오두막 사이에 밧줄을 쳐 놓았어. 그렇게 하면 눈보라 속에서도 길을 잃지 않고 배와 오두막 사이를 오갈 수 있었단다.

바다표범과 펭귄 스테이크

선원들이 대개 그렇듯이 스콧도 괴혈병을 두려워했어. 괴혈병은 비타민시(C) 결핍으로 생기는 병인데, 이 병 때문에 목숨을 잃는 선원이 많았단다. 스콧은 과일과 채소만이 아니라 라임주스도 배에 실었어. 괴혈병을 예방하려면 신선한 고기가 필요했단다. 그래서 스콧은 바다표범과 펭귄을 잡아서 고기를 얻었단다.

제1차 탐험
(1901년~1904년)

설맹

제1차 남극 탐험 때 스콧의 탐험대는 설맹으로 고생했어. 눈에 반사된 햇빛이 너무 강렬해서 눈이 아프고 충혈되었단다. 윌슨은 돌아오는 길에 심한 고통을 받았고, 한동안 눈가리개를 한 채 짐을 끌어야 했어. 한번은 세 명 가운데 두 명이 설맹으로 앞을 보지 못하고, 나머지 한 명은 한쪽 눈만 겨우 보였던 적도 있었단다.

▲ 눈에 반사된 눈부신 햇빛은 설맹을 일으킬 수 있어.

 ### 썰매개

썰매를 끄는 개를 부리는 것은 매우 어려웠단다. 스콧의 썰매개들은 시베리아에서 왔는데, 끊임없이 서로 으르렁댔지. 위치가 계속 바뀌었기 때문에 개들은 서로 협력하는 데 끝내 익숙해지지 못했어. 훌륭한 썰매개 팀을 만들려면 몇 년의 훈련이 필요하단다. 나중에 스콧이 썰매개를 사용하지 않기로 결정한 것은 그것이 최선이라고 생각했기 때문일 거야.

스콧과 섀클턴

스콧과 섀클턴이 남극 탐험에서 사이가 틀어졌다고 말하는 사람은 많지만, 두 사람이 다투었다는 증거는 없단다. 사이가 나빴다면 스콧은 섀클턴을 함께 갈 대원으로 선발하지 않았을 거야. 하지만 나중에 돌아오는 길에 섀클턴은 병에 걸렸단다. 보급선이 왔을 때 스콧은 의사의 충고에 따라 섀클턴을 먼저 귀국시키기로 결정했어.

▼ 왼쪽부터 스콧, 섀클턴, 윌슨이란다.

◀ 썰매에 묶여 있는 시베리안 허스키란다.

"겨울이 끝나자 사람들은 무척 기뻐했겠군요." 한나가 말했다.

"정말 기뻐했지." 러미지 할아버지가 말했다. "여름이 오자마자 스콧은 남쪽으로 최대한 멀리까지 내려갈 준비를 했단다. 스콧은 함께 갈 대원으로 섀클턴과 윌슨을 선발하고, 개 열아홉 마리가 끄는 썰매 여섯 대에 여섯 달 동안 필요한 보급품을 실었지."

"남극에 갈 작정이었나요?" 디그비가 물었다.

"그렇지는 않아. 스콧은 남극 대륙 전체를 탐험하는 것이 더 중요했어. 탐험대는 남쪽으로 향했고, 2주 동안은 스키도 타고 걷기도 하면서 순조롭게 전진했지. 지원대가 바로 뒤따라왔지만, 지원대가 떠난 이튿날 전진 속도가 느려졌어. 이제 썰매에 짐이 가득 실리자 개들이 썰매 끌기를 힘들어한 거야."

"가엾은 개들." 한나가 말했다. "개들은 기진맥진했을 거예요. 쉴 수는 없었나요?"

"그렇게는 안 돼." 클럼프머거 씨가 말했다. "식량이 한정되어 있으니까, 속도를 늦추면 킬로미터당 지나치게 많은 식량을 소비하게 되고, 그러면 일찍 돌아오거나 아니면 돌아오는 길에 굶주릴 각오를 해야 돼."

"섀클턴은 개들을 도우려고 앞장서서 썰매를 끌었단다." 러미지 할아버지가 말했다.

"스콧은 식량 공급 방식이 잘못되었다는 판단을 내렸고, 효율적인 방법을 찾으려고 노력했단다. 하지만 계속 식량이 줄어들고 있었기 때문에 그들은 개를 한 번에 한 마리씩 죽여서 다른 개들에게 먹이기로 결정했어. 오래지 않아 개는 아홉 마리밖에 남지 않았지만 그들은 계속 전진했어. 마침내 스콧은 돌아가야 한다는 것을 알았지. 그들은 남위 82도선에 도달했어. 그렇게 남쪽까지 내려간 사람은 그때까지 아무도 없었단다."

"너무 끔찍해요. 개들을 죽이다니." 한나가 말했다.

"어쨌든 개들은 죽어 가고 있었어. 개들이 너무 쇠약해져서 사람들이 썰매를 끌어야 했지. 하지만 돌아왔을 때 스콧은 개들을 죽일 수밖에 없었던 것을 결코 잊지 않겠다고, 그리고 그 경험을 두 번 다시 되풀이하지 않기를 바란다고 말했지."

"그래서 스콧과 탐험대는 남극 대륙에서 또 다시 1년을 머물러야 했군요." 디그비가 말했다. "남극 대륙에 있는 게 좋았나 봐요. 나도 배에서 살고 싶어요. 하지만 배에서 뭘 해야 할지 모르겠어요."

"넌 틀림없이 무언가 할 일을 찾아낼 거야." 클럼프머거 씨가 말했다. "스콧의 부하 대원들은 배를 수리하고, 고국에 보낼 편지를 쓰고, 과학 실험을 하고, 케이크를 굽느라 바빴단다."

 냉동실 생활

해군 병사들과 장교들, 과학자들은 디스커버리호에서 캄캄한 남극의 겨울을 두 번이나 함께 보내야 했단다. 배는 많은 사람들로 붐볐어. 스콧은 배에 질서가 잡히기를 바랐기 때문에 대원을 병사, 하사관, 장교로 분류했단다. 장교들은 함께 식사를 하고 개인 선실을 사용했어. 병사와 하사관들은 따로 식사를 하고 식당에서 잠을 잤지. 스콧의 이런 방식은 오늘날 자주 비판을 받지만, 스콧은 계급이 다른 사람들이 한데 섞이는 것보다 계급이 같은 사람들끼리 어울려 지내야 마음이 더 안정될 거라고 믿었단다. 그의 이런 생각은 우리에게는 구식으로 들리지만, 당시 사람들은 생각이 달랐단다.

실험

과학자들은 실험을 하면서 겨울을 보냈어. 특히 루이스 베르나치는 베이스캠프에서 내륙으로 100미터쯤 더 들어간 곳에 '자기(磁氣)' 오두막 두 채를 지었단다. 베르나치는 지구의 진동과 대기 속의 공중 전기를 측정하는 계기를 비롯하여 아주 민감한 정밀 기계를 날마다 관찰해야 했단다. 이 일은 눈보라가 몰아치는 상태에서는 매우 위험한 일이었어.

남극 타임스

스콧은 섀클턴에게 〈남극 타임스〉라는 이름의 잡지를 편집하라고 지시했단다. 모든 대원은 기사나 그림, 퀴즈, 만화 그 밖에 무엇이든 이 잡지에 기고하라는 권유를 받았단다.

▶ 〈남극 타임스〉 표지란다.

일기 쓰기

대원들은 일기장에 디스커버리호에서의 일상생활을 기록했어. 그들은 울분과 긴장을 일기를 쓰면서 풀었단다. 그들의 일기에 따르면 잘못된 일은 모두 스콧의 탓으로 돌려지면서 그가 집중 공격을 받았어. 일기장을 믿는다면 모든 것은 스콧의 책임이었어. 스콧은 지휘권을 가진 사람이었고, 선상 생활은 불편할 때가 많았기 때문이야.

◀ 일지를 쓰고 있는 스콧 선장이란다.

식사

장교들은 배의 상급 장교실에서 식사를 했단다. 식탁에는 식탁보와 냅킨이 놓였고, 식사가 차려졌어. 제빵사는 빵만이 아니라 과일 파이도 만들었고, 아침 식사로는 오트밀이 나왔어.

▶ 디스커버리호의 식당이란다.

폭약으로 풀려나다

1904년 1월 디스커버리호는 여전히 얼음 속에 끼어 있었어. 스콧의 대원들은 거대한 톱과 폭약으로 배를 움직여 보려 했지만, 배는 꼼짝도 하지 않아. 보급선 모닝호가 와서 스콧에게 배를 움직일 수 없으면 포기하라고 말했단다. 하지만 2월에 해협 건너편에서 얼음이 깨지기 시작했단다. 2월 16일에 시도한 두 차례의 폭파 작업으로 디스커버리호는 마침내 얼음에서 빠져나올 수 있었어. 스콧과 대원들이 귀국하자 영국에서는 그들을 영웅으로 맞이했고 디스커버리호를 일반 대중에게 공개했어.

"스콧의 첫 번째 탐험은 대성공으로 여겨졌어. 특히 과학적인 면에서." 러미지 할아버지가 말했다. "하지만 남극점 도달이라는 문제가 아직 남아 있었지."

"그래서 스콧 선장은 곧바로 다시 남극 대륙으로 돌아가야 했군요?" 디그비가 말했다.

"아니야." 클럼프머거 씨가 말했다. "당장 갈 수는 없었어. 탐험에 대한 글을 쓰고, 그 다음에는 다시 해군으로 돌아갔지. 하지만 1906년에는 다시 모험을 떠날 준비가 끝났고, 배와 승무원과 장비를 새로 구할 계획을 세우기 시작했단다. 그런데 이제 스콧에게는 경쟁자가 있었어."

"제가 알아맞혀 볼게요. 그 경쟁자는 틀림없이 섀클턴이었을 거예요!" 한나가 말했다.

"맞았어. 섀클턴은 이미 스콧보다 먼저 남쪽으로 한 차례 여행을 다녀왔지. 그래도 스콧은 돌아온 섀클턴을 축하해 주었어. 물론 섀클턴이 실제로 남극점에 도달했다면 스콧도 그렇게 친절하지는 않았을지도 모르지." 러미지 할아버지가 계속 말했다.

"스콧은 일단 무언가를 결심하면 좀처럼 마음을 바꾸지 않았어. 사실 스콧은 두 번째 탐험에서는 '테라 노바 호'를 타기로 이미 마음을 정해 둔 상태였지. '테라 노바 호'는 첫 번째 탐험이 끝날 무렵 보급선으로 와 준 고래잡이배였어. 스콧은 그 배가 마음에 들어서 그 배를 샀고, 1911년 여름에는 남극으로 떠날 준비를 모두 맞췄지."

제2차 탐험
(1910년~1912년)

스콧은 남극점에 먼저 도달하기 위해 자기와 경쟁할 사람은 아무도 없다고 믿었기 때문에 서두르지 않았단다. 이번에는 네 종류의 수송 수단을 가져가고, 도중에 쓸모가 없어진 것은 버리기로 했어. 그는 모터가 설치된 탈것을 시험해 보고 싶어했단다. 썰매개들도 데려가지만, 개들이 환경에 대처할 수 있는 동안만 이용하기로 했어. 스콧은 시베리아 조랑말들도 데려가기로 결정했지. 그리고 마지막에는 대원들이 각자 자기 썰매를 끌고 가게 할 계획이었어.

보급품

탐험대에 조랑말이 포함되었기 때문에 스콧은 조랑말이 먹을 사료도 가져가야 했단다. 조랑말 관리를 맡게 된 오즈 대위는 스콧이 허락한 것보다 많은 사료를 몰래 배에 실었어. 배에는 개들에게 먹일 식량과 승무원들이 먹을 통조림과 음식이 실렸고, 물론 배의 엔진을 돌리는 데 필요한 석탄도 충분히 실렸지. '테라 노바호'가 마침내 남극 대륙을 향해 오스트레일리아를 떠났을 때, 그 배에는 짐이 너무 많이 실려 있었단다.

▶ 영국의 1실링 주화야.

▼ 스코틀랜드의 낡은 포경선 '테라 노바호'란다.

모금

스콧은 탐험에 필요한 돈을 모금해 달라고 대중에게 호소했단다. 초등학생들까지도 조랑말과 개를 살 돈을 모으는 데 한몫 거들었단다.

▲ 남극 대륙의 에러버스 산 전경이란다.

"테라 노바호가 마침내 남극 대륙의 로스 섬에 도착했을 때, 스콧 선장은 전에 기지로 사용한 낡은 오두막에서 그리 멀지 않은 에반스곶에 짐을 내려놓았단다." 러미지 할아버지가 말했다. "날씨가 나빠질 조짐을 보였기 때문에 대원들은 온종일 쉬지 않고 배에서 짐을 내렸지만, 그래도 동력 장치가 달린 썰매 한 대는 미처 해안에 닿기 전에 유빙에서 미끄러져 물속으로 가라앉고 말았어."

"동물들은 한 마리도 물속에 가라앉지 않았겠죠?" 한나가 걱정스러운 얼굴로 말했다.

"꼭 그렇지는 않아." 클럼프머거 씨가 입을 열었다.

"하지만 그건 다른 이야기야."

"제발 얘기해 주세요." 한나가 간청했다.

"이제 곧 말해 주마." 러미지 할아버지가 대답했다.

"지금 네가 스콧과 함께 남극으로 가려 한다면, 갈 때와 돌아올 때 필요한 보급품이 충분하다고 어떻게 확신하겠니?"

"썰매를 가득 채우면 어떨까요?"

"하지만 그러면 썰매가 너무 무거워서 개들이 끌 수 없을 거야." 클럼프머거 씨가 말했다.

"그렇다면 저는 길가에 식량을 비축해 두겠어요. 그러면 돌아오는 길에 식량이 대원들을 기다리고 있겠죠."

"맞았어!" 클럼프머거 씨가 기뻐하며 말했다. "스콧도 바로 그렇게 했지. 스콧은 여러 개의 저장소를 만들기로 결정했단다."

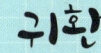 조랑말

스콧은 조랑말들이 있어야 남극점에 도달할 수 있다고 확신했기 때문에, 여행하는 동안 조랑말이 다치거나 죽을 위험은 되도록 피하려고 했단다. 그래서 스콧은 눈길을 걷기 편하게 만든 신발인 설피를 말들에게 신기기로 결정했단다.

하지만 오츠는 의견이 달랐어. 그래서 저장소에 식량을 비축하러 갈 때 설피를 한 켤레만 가져갔단다. 스콧이 '지친 윌리'라는 별명을 가진 굼뜬 조랑말에게 설피를 신기자 엄청난 효과가 나타났지. 그래서 스콧은 오츠에게 불만을 품었고, 조랑말들이 눈보라 속에서 심한 고통을 겪었기 때문에 불만은 더욱 커졌어.

귀환

조랑말들은 몹시 추위를 탔어. 스콧은 고통에 시달리는 윌리를 점점 걱정했어. 스콧은 계속 남쪽으로 내려가면 윌리를 비롯한 조랑말 몇 마리는 죽게 되리라는 것을 알았지. 하지만 지금 돌아서면 조랑말을 모두 구할 수 있었어. 오츠는 의견이 달라서 계속 가자고 주장했단다. 포기한 조랑말은 죽여서 그 고기를 식량으로 비축해 두자는 것이었어. 하지만 스콧은 최종 결정을 내렸고, 탐험대는 발길을 돌렸단다.

◀ 오츠 대위가 조랑말을 돌보고 있어.

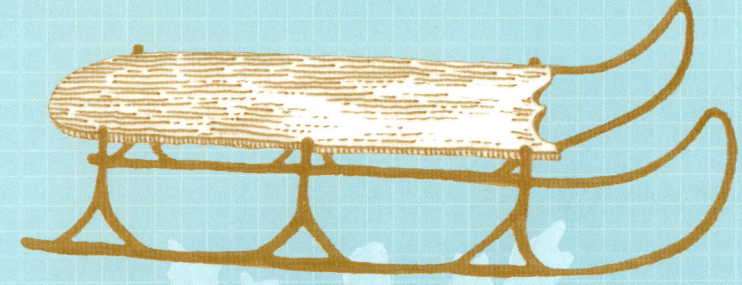

지친 윌리

얼마 후 '지친 윌리'가 뒤처지기 시작했단다. 한번은 쉬려고 엎드리기까지 했어. 그때 개 한 마리가 윌리를 공격했단다. 결국 사람들이 조랑말과 개를 떼어 놓았어. 하지만 윌리는 너무 심하게 물려서 짐을 끌지 못하고 빈 몸으로 여행을 계속할 수밖에 없었어.

저장소

스콧과 대원들은 원래 계획했던 것보다 훨씬 북쪽에 저장소를 세웠단다. 10미터 높이의 돌무더기를 쌓고, 그 안에 약 1톤의 식량과 연료와 장비를 저장했어. 스콧과 세 명의 대원은 썰매개를 끌고 먼저 돌아갔고, 오츠와 바워스와 노르웨이 사람인 그란은 서서히 쇠약해지는 조랑말들을 데리고 돌아오기 위해 뒤에 남았단다.

"말들은 무사히 돌아왔나요?"

"그 이야기를 하자면 길어."

클럼프머거 씨가 이야기를 시작했다.

"스콧은 대원들이랑 개들과 함께 안전 저장소로 돌아왔고, 오츠와 나머지 대원들은 나중에 조랑말들을 데리고 돌아왔단다. 그때쯤 조랑말들은 무척 쇠약해져 있었기 때문에, 스콧은 로스 섬의 '헛 포인트'에서 눈보라를 피해야 한다고 판단했지. 거기로 가는 가장 빠른 길은 바다얼음을 넘는 것이었지만, 얼음은 언제든지 깨질 수 있었어."

"탐험대는 벌써 위험에 빠진 것처럼 들리는데요?" 한나가 뚱한 얼굴로 말했다.

"윌슨과 미레스가 먼저 출발했지만, 얼마 못 가서 '빙무'라고 불리는 언 안개가 짙게 끼어 있는 것을 발견했지. 그것은 얼음이 안전하지 않다는 것을 말해 주었어. 하지만 그들은 계속 전진했단다."

"얼음이 갈라졌군요?" 한나가 물었다.

"그랬을지도 모르지만, 그들은 왔던 길로 되돌아가서 다른 길을 택하기로 결정했어. 윌슨은 바워스와 말들이 뒤따라오리라 믿고 다른 길로 들어섰지만, 바워스는 뒤따라가지 않고 곧장 전진해서 곧 짙은 안개와 마주쳤지. 바워스는 완전히 길을 잃고 이리저리 헤매다가 결국 텐트를 쳤어." 러미지 할아버지가 계속 말했다.

"하지만 야영지는 바워스가 생각한 만큼 안전하지 않았어. 이튿날 아침 일찍 바워스는 얼음이 갈라지는 무시무시한 소리를 연거푸 들었단다. 텐트 밖으로 나간 바워스는 자기들이 너비가 50미터밖에 안 되는 유빙 위에 있는 것을 깨닫고 공포에 사로잡혔지. 얼어붙을 듯이 차갑고 검은 바닷물이 사방에서 철썩철썩 밀려왔고, 조랑말 한 마리는 벌써 바닷물에 빠져 있었어."

"저런! 조랑말은 죽으면 안 돼요!"

"하지만 구조의 손길이 가까이 있었어." 러미지 할아버지가 말을 이었다. "윌슨과 미레스가 뒤를 돌아보고, 조랑말들과 바워스의 대원들이 바다에 고립되어 있는 것을 보았지."

"고립된 대원들은 부빙에서 부빙으로 건너뛰어 안전한 곳으로 다가가려고 애썼단다." 클럼프머거 씨가 흥분한 얼굴로 말했다. "하지만 이제 또 다른 위험이 다가왔지. 범고래 무리가 사람과 말들에게 몰려와서, 굶주린 눈으로 부빙을 에워싸기 시작한 거야."

"그래서 구조되었나요? 아니면 모두 범고래한테 잡아먹혔나요?" 디그비가 몸서리를 치면서 물었다.

"그날 저녁 스콧이 도착해서 간신히 경사로를 만들어 조랑말들을 끌어올리지 않았다면 모두 잡아먹혔을지도 몰라. 하지만 바로 그때 그들이 있던 부빙이 떠내려가기 시작했어. 스콧은 빨리 이동해야 한다는 것을 알았지. 결국 사람들은 모두 구조되었지만 조랑말들은 어떻게 해 볼 도리가 없었단다."

"그럴 수가!" 한나와 디그비가 외쳤다.

"이튿날 아침, 그들은 조랑말들이 탄 부빙이 가까이 떠 있는 것을 발견하고 다시 조랑말 세 마리를 구조하려고 애썼어. 가엾은 조랑말 한 마리는 마지막 순간에 부빙에서 뛰어내리는 걸 포기했고, 결국 물에 빠지고 말았지. 나머지 두 마리는 부빙을 건너뛰어 안전한 곳으로 가려고 애썼지만, 거대한 범고래 한 마리가 물에서 불쑥 올라와 조랑말 앞에 나타났어. 조랑말들은 겁을 먹고 당황한 나머지 뒷다리가 부빙에 닿지 못했고, 용감한 조랑말 세 마리 가운데 결국 한 마리만 살아남았지."

31

"너무 슬퍼요." 한나가 눈물을 훔치며 말했다. "하지만 짐을 실어 나를 조랑말은 충분히 남아 있었겠죠?"

"그래." 러미지 할아버지가 말했다. "하지만 이제 또 다른 걱정거리가 생겼단다. 로알 아문센이라는 노르웨이 탐험가가 지난 몇 달 동안 남들에게는 북극점에 가겠다고 말해 놓고 실제로는 스콧보다 먼저 남극점에 도달할 계획을 세우고 있었던 거야."

"정말 뻔뻔스럽군요!" 한나가 말했다. "스콧은 무척 화가 났을 거예요."

"특히 아문센이 훼일 만 근처에 베이스캠프를 쳤다는 소식을 들었을 때는 몹시 화를 냈지. 하지만 스콧은 계획대로 전진하기로 결정했어."

"그래서 이제는 정말로 달리기 경주가 되었군요." 디그비가 말했다.

"그래." 클럼프머거 씨가 말했다. "어쨌든 스콧은 준비에 착수했어. 그들은 144일 동안 왕복 2,500킬로미터를 여행해야 했지. 그렇게 가혹한 환경에서 144일은 아주 긴 시간이 될 터였어. 우선 배리어 빙붕을 가로지른 다음 비어드모어 빙하를 기어올라 남극 고원에 올라서면 마지막으로 고원을 가로질러 남극점까지 달려갈 거야."

스콧의 계획

스콧은 제1단계 계획으로 모터 썰매단을 이용하기로 했어. 스콧과 바워스가 겨울 동안 세운 계획에 따라 첫 번째 모터 썰매단이 에번스곶의 기지로 떠났어.

제2단계 계획은 개 썰매단을 이용하는 것이었어.

일주일 뒤, 11월 1일 스콧과 바워스를 포함한 몇 명의 대원들이 조랑말을 이끌고 떠났어. 개 썰매단도 그들과 동행했단다. 하지만 개들은 비어드모어 빙하까지만 갔다가 돌아왔어. 스콧은 섀클턴의 남극 탐험을 토대로 개들이 깊이 갈라진 틈새가 많은 빙하를 잘 기어오르지 못한다고 판단했어.

제3단계 계획은 비어드모어 빙하에서 남극점까지 사람이 썰매를 끌고 가는 거였어.

▲ 썰매개 허스키

극지 탐험 장비

솜과 양털

스콧의 탐험대는 몸을 잘 보호해 주지 못하는 옷을 입었기 때문에 영하의 날씨에 고생했을 거라고 믿는 사람이 많단다. 하지만 스콧은 솜과 양털을 층층이 넣어 만든 옷을 신중하게 선택했어. 그는 대원들이 썰매를 끌고 갈 때 옷의 무게에 짓눌리는 것을 바라지 않았단다. 하지만 불행하게도 그 옷을 입은 대원들은 땀을 흘렸고, 땀이 얼어붙어 심한 불쾌감을 주었어.

천막

스콧과 대원들은 '쇠처럼 단단한' 대나무 버팀목에 범포를 씌운 튼튼한 천막을 치고 순록 가죽으로 만든 침낭 속에서 잠을 잤단다.

썰매와 스키

대원들의 스키는 자작나무와 히코리나무로 만든 것이었어. 썰매는 아마 섬유와 가죽 끈으로 목재를 동여맨 나무 썰매였고, 가슴에 두른 멜빵을 이용하여 썰매를 끌었단다.

▼ 스콧과 대원들이 천막을 세우고 있어.

옷

노르웨이 탐험가 아문센은 북극 지방 사람들에게 배운 생존 기술을 이용했단다. 아문센의 탐험대는 동물 모피로 만든 옷을 입었어. 그것은 가벼울 뿐만 아니라 몸을 따뜻하고 건조하게 해 준단다.

◀ 아문센의 탐험대가 사용한 짐승 가죽으로 만든 옷과 신발이야.

식량

스콧은 남극점으로 가는 길에 어떤 음식을 먹을 것인가를 생각했단다. 그들은 높은 중앙 고원을 가로지르는 마지막 질주 때 먹을 특별한 '최고 식량'에 합의했단다. 거기에는 휴대용 비상식량인 쇠고기를 말린 후 과일과 지방을 섞어 빵처럼 굳힌 페미컨과 말고기도 포함되어 있었어. 스콧은 음식이 계속 만족스럽다고 일지에 기록했어. '그렇게 훌륭한 식량을 생각해 내다니 얼마나 다행인가.'라고 말이야.

"**만**사가 순조로워 보였지." 러미지 할아버지가 말했다. "그러다가 사소한 일들이 잘못되어 가기 시작했단다. 개들이 병에 걸렸고, 몇 차례 사고가 일어났지. 그리고 스콧의 아내가 악몽을 꾸었어."

"악몽이라고요?"

"분명히 스콧의 아내는 남편에 대해 나쁜 꿈을 꾸었어. 그러자 아들 피터가 '아버지는 돌아오지 않으실 거예요.' 라고 말했지. 그 꿈은 나쁜 징조였어." 클럼프머거 씨가 슬픈 표정으로 말했다.

"하지만 무사히 출발했겠죠?" 디그비가 물었다.

"그랬지." 클럼프머거 씨가 말했다. "모터가 달린 썰매는 80킬로미터를 달린 뒤에 완전히 포기했어. 하지만 조랑말들이 뒤를 이어받았기 때문에 그건 괜찮았단다. 스콧과 오츠는 조랑말을 최대한 멀리까지 데려가되 비어드모어 빙하까지만 데려가기로 이미 결정한 상태였지. 그들은 전진하면서 조랑말을 한 마리씩 쏘아 죽여서 개나 사람의 식량으로 사용할 계획이었어."

"하지만 날씨가 나빠졌단다." 러미지 할아버지가 끼어들었다. "게다가 빙하에는 예정보다 일주일이나 늦게 도착했지. 스콧은 기운이 빠지기 시작했어."

"개들은 어떻게 됐어요?" 한나가 물었다.

"개들은 말보다 빨랐기 때문에 조랑말 팀보다 나중에 출발하기로 되어 있었지. 하지만 불행하게도 개들은 너무 일찍 조랑말 팀을 따라잡았고, 그래서 기다리는 동안 예정보다 많은 식량을 소비하게 되었지. 모터 썰매를 이용한 팀에도 똑같은 일이 일어나서, 그들은 자기네 썰매를 더 멀리까지 끌고 갔어. 그래서 그 팀도 초조한 마음으로 왔다 갔다 하면서 기다려야 했고, 그래서 역시 귀중한 식량을 낭비했단다."

"불운이 계속 따라다니고 있었던 모양이군요." 한나가 말했다.

"그뿐만이 아니야." 클럼프머거 씨가 덧붙였다. "그 후 나흘 동안 계속된 눈보라 때문에 속력이 떨어졌어. 비어드모어 빙하에 무사히 도착해서 고원으로 올라가려면 남은 힘을 모두 쥐어짜야 했지."

남극점을 향해서

스콧과 대원들은 오늘날의 탐험가에 비하면 훨씬 가혹한 상황을 참고 견뎌야 했단다. 그들은 4인용 천막에서 잠을 잤고, 체온을 유지하기 위해 침낭 하나를 같이 사용해야 하는 경우도 많았어. 침낭 속에서 누군가가 뒤척이면 편히 쉬기가 어려웠단다. 썰매를 끌면 땀이 많이 났고, 그 땀은 부츠 속에서 얼었다가 천막 속에서 녹았지. 그래서 대원들의 발은 늘 차갑고 축축하게 젖어 있었어.

▲ 탐험대는 다섯 명으로 이루어진 팀이란다.

결빙!

그들의 윗옷 속에도 습기가 찼고, 그 습기는 텐트 밖으로 나가자마자 얼어붙었어. 그들은 윗옷의 후드가 적절한 위치에서 얼어붙도록 똑바로 앞을 보아야 했단다. 옆을 보면 후드가 뒤틀린 채 얼어붙어서 고개를 다시 돌릴 수 없을지도 모르기 때문이었지. 추위 때문에 손이 완전히 무감각해져서 부츠를 신는 데 한 시간이 넘게 걸리기도 했어.

스콧의 탐험대

처음에 스콧은 자신을 포함하여 네 명이 남극점을 최종 정복하기로 결정했단다. 하지만 결국에는 윌슨, 바워스, 오츠, 에번스, 스콧 자신이 최종 팀을 이루었어.

나머지 대원들은 기지로 돌아갔단다. 최종 선발 대원들은 바워스를 빼고 모두 스키를 신고 썰매를 끌었어. 바워스는 그 전에 45킬로그램의 불필요한 장비와 함께 스키를 버리라는 지시를 받았단다. 스콧은 스키가 별로 쓸모없을 거라고 생각했지만, 사실은 반드시 필요한 것이었어.

지독한 날씨

현대 과학자들은 스콧과 대원들이 배리어에서 겪은 날씨가 매우 유별난 이상 기후였다는 사실을 입증했단다. 스콧과 기상학자들은 여행에 대비하여 날씨를 아주 신중하게 판단했지만, 날씨를 정확하게 예측할 수는 없었을 거야. 남극점으로 가는 동안의 평균 기온은 보통 때의 정상적인 기온보다 10도 내지 20도나 더 낮았어.

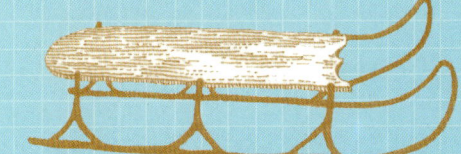

"그래서 상태가 좋지 않았군요?"

"난로 쪽으로 가까이 오렴." 러미지 할아버지가 말했다. "그러면 한결 따뜻할 거야. 그래, 상황은 아주 나빴어. 끝없는 눈과 햇빛 속에서 입술은 볕에 타고 바싹 말라서 갈라지고 결국에는 피를 흘렸단다."

"끔찍해라." 한나가 말했다.

"정말 끔찍했지." 클럼프머거 씨가 덧붙여 말했다. "그래도 탐험대는 자기들보다 먼저 누군가가 지나간 흔적을 찾을 수 없었기 때문에, 아직도 남극점에 맨 먼저 도달할 수 있으리라는 희망을 가지고 있었어. 하지만 빙하의 표면은 무릎까지 빠지는 새빙으로 덮여 있어서 썰매를 끌기가 더욱 어려워졌지. 그래도 1월 12일에 그들은 목표 지점에서 60여 킬로미터밖에 떨어져 있지 않았단다."

"우와, 만세!" 디그비가 외쳤다.

"두 번만 장거리 행군을 하면 목적지에 도달할 수 있었지." 러미지 할아버지가 말을 이었다. "그들은 다시 기운이 났어. 그런데 1월 16일 오후 4시쯤 바워스가 앞에 돌무더기가 보인다고 외친 거야. 탐험대의 기분은 납덩이처럼 무거웠을 거야. 도대체 누가 그들보다 먼저 거기에 도착할 수 있었지? 하지만 남극점이 가까워지자 의심할 여지가 없었어. 그것은 분명 돌무더기였고, 한가운데에 검은 깃발이 꽂혀 있었지. 노르웨이 사람들이 먼저 남극점에 도달한 거야. 그들의 희망과 꿈은 모두 산산조각이 나 버렸지."

"맙소사! 안 돼!" 한나와 디그비가 외쳤다.

남극점에서

깃발 주위에서 그들은 눈이 흐트러진 자국을 발견했단다. 텐트를 친 자리였어. 썰매 자국과 스키 자국, 동물의 발자국도 있었단다. '그것은 지독한 타격이었다. 내 충실한 동료들에게 미안할 따름이다.' 스콧은 일지에 그렇게 기록했단다.

▲ 남극점에 도달한 스콧과 대원들이란다. 왼쪽부터 차례로 에드워드 윌슨, 에드거 에번스, 로버트 스콧, 로렌스 오츠, 헨리 바워스란다.

확인

1912년 1월 17일 스콧과 대원들은 아문센이 남극점에 제대로 도달했는지를 확인하기 위해 측량을 했어. 하지만 그들은 결국 아문센의 공로를 인정할 수밖에 없었단다. 그럭저럭하는 동안 기온이 영하 30도로 내려갔어. 떠나야 할 시간이었어. 사진을 몇 장 찍었지만 흥이 나지 않는 일이었지. 이때 스콧이 유명한 말을 했단다. "슬프다! 누구보다 앞서기 위해 그렇게 고생해서 여기까지 왔는데 아무 보상도 얻지 못하다니, 이곳은 우리에게 너무나 가혹한 곳이다."

사실은 성공

스콧의 남극 탐험은 결코 실패가 아니었어. 사람의 힘으로 썰매를 끈 모험을 그보다 더 잘 해낸 사람은 이제껏 아무도 없었거든. 측량과 과학 프로그램은 계획대로 이루어졌어. 결국 스콧의 탐험대는 아문센보다 겨우 20여 일 늦게 남극점에 도달했을 뿐이었어. 아문센은 세계에서 가장 좋은 스키와 가장 뛰어난 개 전문가들을 활용했단다. 특히 노르웨이 탐험대는 운이 좋았어. 필요할 때마다 좋은 날씨가 따라 주었지.

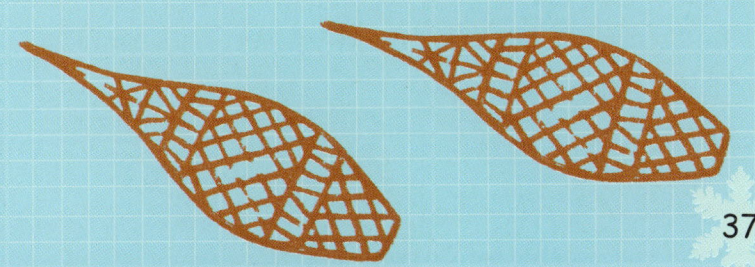

"그래서 어떻게 됐죠?" 한나가 스콧의 동료라도 되는 것처럼 물었다.

"짐을 끌고 먼 길을 돌아가야 했지." 클럼프머거 씨가 말했다. "거리가 무려 1,300킬로미터였어. 게다가 갈 때 남겨 둔 식량 저장소와 돌무더기를 모두 찾아내야 했어. 그러지 않으면 식량이 모자랄 테니까. 모험은 아직 끝나지 않았어."

"그래." 러미지 할아버지가 말을 이어받았다. "하지만 처음에는 그래도 상황이 아주 좋았어. 고원을 가로질러 돌아오는 길에 식량 저장소를 모두 찾아냈으니까 말이야. 그러다가 에번스가 병에 걸렸고, 오츠의 엄지발가락은 동상으로 시커멓게 죽어 가고 있었어. 눈보라도 심하게 몰아쳐서 돌무더기가 눈에 덮여 버렸지. 2월 4일에 그들은 비어드모어에 도착해서 빙하를 내려갔지만, 스콧이 결국 뛰어난 방향 감각을 잃어버렸어. 그들은 얼음 벌판에서 길을 잃고 만 거야. 간신히 식량 저장소에 도착했을 때는 한 끼 식량밖에 남아 있지 않았단다."

"하지만 에번스는 완전히 지쳐 버렸어." 클럼프머거 씨가 말을 이었다. "에번스는 썰매를 끌 수 없었고, 다른 대원들도 에번스 때문에 속력이 떨어지고 있었지. 결국 에번스는 계속 가지 못하고 탈진한 끝에 죽고 말았단다."

"다른 대원들은 계속 전진해서 배리어를 가로질렀지. 하지만 그들이 가는 동안 겨우 닷새 사이에 기온이 영하 20도에서 영하 40도로 뚝 떨어져 버렸어. 아무도 그런 추위를 예상할 수는 없었을 거야."

"하지만 그래도 식량 저장소는 남아 있었잖아요?" 디그비가 걱정 어린 표정으로 말했다.

"그래. 그들은 '미들배리어 저장소'에 도착했어. 하지만 요리용 연료가 증발해 버렸어. 할 수 없이 그들은 계

속 전진했지만, 오츠는 동상에 걸린 발 때문에 너무 고통스러워서 부츠를 신는 데에도 한참이 걸렸어."

"그런데 또 다른 문제가 생겼지." 러미지 할아버지가 덧붙여 말했다. "유례 없는 추위 때문에 얼음 표면에 얼음 결정이 형성된 거야. 이것은 썰매에 브레이크 같은 작용을 해서 썰매를 끌기가 거의 불가능해졌지. 3월이 되자 날씨는 더욱 나빠졌고, 탐험대는 텐트 안에 머물러 있을 수밖에 없었어. 오츠는 자기가 죽으면 동료들이 기지로 돌아가기가 훨씬 편할 거라고 생각했지. 그는 텐트 밖으로 나가면서 '잠깐 밖에 나갔다 올게. 시간이 좀 걸릴지도 몰라' 라고 말했단다. 그 후 그의 모습을 본 사람은 아무도 없었어.

이제 식량이 바닥났는데, '1톤 저장소'까지는 아직도 18킬로미터를 더 가야 했어. 불행히도 세찬 눈보라 때문에 그들은 한 걸음도 내디딜 수가 없었지."

"그래서 저장소에 가지 못했군요?"

"그래. 스콧과 윌슨과 바워스는 식량도 없고 난방 설비도 없이 텐트 안에서 죽고 말았지. 참으로 명예롭고 용감한 죽음이었단다."

드디어 발견되다

남극의 겨울이 끝나자, 스콧과 대원들을 찾기 위해 수색대가 파견되었어. 의사인 에드워드 애트킨슨이 주검들을 발견했을 때는 그들이 죽은 지 여덟 달이 지난 뒤였어.

그들은 왜 죽었는가?

오늘날 우리는 우리 몸이 칼로리를 어떻게 태우고 체지방을 잃는 것이 인체에 어떤 영향을 미치는지에 대해 스콧보다 훨씬 많이 알고 있어. 체지방은 체온을 유지하기 위한 단열재 구실을 한단다. 스콧의 대원들은 썰매를 직접 끌었고, 따라서 음식으로 섭취할 수 있는 칼로리보다 훨씬 많은 칼로리를 써 버린 거야. 그래서 돌아오는 길에는 체지방이 모두 소모된 상태였고, 추위를 훨씬 심하게 느꼈을 거야.

스콧과 바워스와 윌슨이 괴혈병으로 죽었다고 믿는 사람들도 있지만, 그것은 사실이 아니야. 그들은 괴혈병을 예방하기에 적당한 음식을 충분히 먹었단다. 그들은 추위에 노출되고 몸이 쇠약해져서 죽었어. 그들이 제때에 '1톤 저장소'에 도착하지 못한 것은 변덕스러운 날씨와 지독한 눈보라 때문이었단다.

▶ 스콧의 무덤은 하나의 돌무더기에 불과하단다.

스콧 선장이 남긴 것

스콧은 사람의 힘을 이용하여 보급품을 끌고 남극까지 간 최초의 인물이었다. 다른 탐험가들은 동물이나 모터의 원동력을 이용했다. 이 때문에 스콧의 업적이 아문센보다 훨씬 위대하다고 믿는 사람이 많다. 스콧은 훌륭한 지도력과 공정함의 원칙도 보여 주었다. 그는 경쟁자와의 '경주'에서 결코 굴복하지 않았고, 감정에 휘둘리지 않는 현명한 지도자로 남아 있었다. 실제로 그는 남극점에 가장 먼저 도착하지 못한 것 때문에 괴로워하지 않았고, 노르웨이 탐험가 아문센의 승리를 축하해 주었다.

너무 늦었다!

3월 중순, 지시받은 대로 '1톤 저장소'에서 스콧을 마중하기 위해 앱슬리 체리 개러드가 파견되었다. 그는 기다릴 수 있는 데까지 기다리다가 돌아왔다. 그가 계속 갔다면 스콧과 대원들을 발견했을지도 모른다. 하지만 그러려면 개들을 잡아먹어야 했을 것이다. 그는 명령에 따랐을 뿐이지만, 앞으로 나아갔다면 동료들을 구할 수 있었을지도 모른다는 생각에 평생 괴로워했고, 그 고통을 끝내 이겨 내지 못했다.

과학에 대한 기여

스콧의 과학 프로그램은 매우 성공적이었다. 돌아오는 길에도 탐험대는 암석을 수집하고 과학적인 관측을 했다. 윌슨과 바워스는 모두 16킬로그램의 암석을 손수 끌었다. 그 암석들 가운데 하나인 나뭇잎 화석은 남반구에서 자라는 식물의 폐름기 화석이었다. 이것은 남극 대륙이 2억 5천만 년 전에는 곤드와나 대륙(고생대 말기에서 중생대까지 남반구에 있었다고 생각되는 가상 대륙으로 현재의 아프리카, 남아메리카, 오스트레일리아, 인도 반도, 남극 대륙이 되었다고 한다.)의 일부였다는 것을 입증해 주었다.

어휘 사전

- **기뢰** : 물속이나 물 위에 설치하는 폭탄을 말해요.
- **남위** : 적도에서 남극까지 고르게 나눈 위도로, 적도가 0도이고 남극이 90도예요.
- **로스 빙붕** : 남극 로스 해의 남부에 있는 세계 최대의 얼음 덩어리예요.
- **백일몽** : 실현될 수 없는 헛된 공상을 말해요.
- **범포** : 돛을 만드는 데 쓰는 질긴 천이에요.
- **부빙** : 물 위에 떠다니는 얼음덩이를 말해요.
- **비어드모어 빙하** : 세계에서 가장 큰 계곡 빙하의 하나로 길이 200km, 너비 40km로 새클턴과 스콧이 발견했어요.
- **빙붕** : 남극 대륙과 이어져 바다에 떠 있는 300~900미터 두께의 얼음 덩어리로, 전체적으로 일정한 크기가 일 년 내내 유지되어요.
- **설맹** : 눈이 많이 쌓인 곳에서, 눈에 반사된 햇빛의 자외선이 눈을 자극하여 일어나는 염증으로 눈을 뜨기 어려운 증상이 나타나요.
- **세빙** : 공기 중의 수증기가 미세한 얼음 결정이 되어 공기 중에 떨어지거나 떠다니는 현상을 말해요.
- **신천옹** : 거위와 비슷하게 생긴 바닷새예요. 현재는 일본의 도리시마 섬에 가장 많이 서식하고 있고, 국제적으로 보호하고 있어요.
- **양조장** : 술이나 간장, 식초 등을 담가 만들어 내는 공장이에요.
- **어뢰** : 물고기처럼 물속에서 전진하는 무기로 물속에서 폭발할 수 있게 만들었어요.
- **유빙** : 물 위에 떠내려가는 얼음덩이를 말해요.
- **황야** : 버려두어 거친 들판을 말해요.
- **히코리나무** : 호두나무과에 속하는 단단한 나무예요.

찾아보기

디스커버리호 16, 19	어데어곶 20
로스 빙붕 18, 20	에반스곶 28
로알 아문센 32	클레멘츠 마컴 16
맥머도사운드 20	황제펭귄 19
비어드모어 빙하 32, 34	히코리나무 33

켄조
이발사이며 다양한 옷차림에 어울리는 가발을 많이 갖고 있다. 이발 가위를 즐겨 사용한다.

버즈
마을의 온갖 소문을 알고 있다. 목에 건 나무 상자에 사탕과 빵을 담아서 길거리를 돌아다니며 판다.

카벙클 대령
고물 지프차의 짐칸에 군복과 훈장, 깃발, 칼, 투구, 포탄, 방독면 따위를 진열해 놓고 판다.

새프런
예쁜 천막 밑에 이국적인 향신료 가게를 차려 놓고 냄비와 프라이팬, 허브, 향신료, 기름, 비누, 염료 따위를 판다.

빌지 부인
손수레를 밀고 시장을 돌아다니면서 쓰레기를 줍는다. 문제는 러미지 할아버지의 가게에 있는 물건을 쓰레기로 알고 내다 버린다는 것이다.

크리시
중고 옷가게 주인이다. 디그비와 한나가 거미지 할아버지의 이야기에 나오는 인물들을 연기할 때 필요한 옷들을 빌려 준다.

프루
한나의 가장 친한 친구로 자기만의 생각에 빠질 때가 많다. 특히 분장하고 옷 갈아입는 걸 좋아해서 그런 일이 생기면 졸졸 따라다닌다.

유세프
전 세계를 두루 여행했다. 흥미진진한 여행을 추억할 수 있는 기념품들이 가방 하나에 가득하다.

제이크
디그비의 친구. 상상력이 뛰어나고, 언제나 짓궂은 장난을 칠 생각만 한다.

픽시
점쟁이 아가씨. 특이한 천막 안에서 향과 양초, 바르는 물약과 먹는 물약, 수정 구슬을 판다.

폴록 아저씨
아저씨의 장난감 가게에는 꼭두각시 인형과 흔들 목마, 장난감 비행기, 목각 동물 인형 등이 가득하다. 모두 아저씨가 손수 만든 것들이다.

통합 교육 과정에 적합한

그레이트 피플

'위인'하면 보통 사람은 따라할 수 없는 업적이 떠오릅니다. 하지만 그레이트 피플 시리즈의 위인 이야기는 인물, 사건, 역사적 상황과 그에 관련된 재미있는 소품이 있습니다. 만물상 할아버지 가게에 있는 작은 물건에서 시작하여 위대한 역사 인물들의 풍부한 이야기가 펼쳐집니다.

풍부한 역사적 사건과 문화, 예술, 관련 인물이 담긴 역사 교양책!

20. 방정환의 잡지 중에서

4. 콜럼버스의 지도 중에서

러미지 만물상과 황학동 만물 시장을 배경으로 펼쳐지는 재미있는 캐릭터 동화!

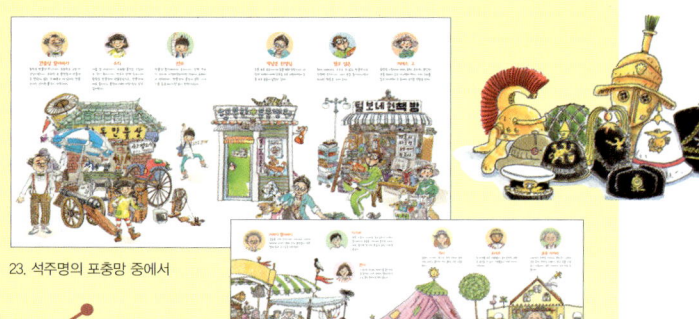

23. 석주명의 포충망 중에서

1. 레오나르도 다빈치의 팔레트 중에서

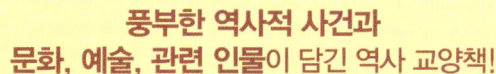

통합 교육 과정

인물의 업적 뿐 아니라 진솔한 인간적 모습, 가치까지 전하는 제대로 된 인물이야기!

22. 넬슨 만델라의 바지 중에서

3. 클레오파트라의 동전 중에서

시대상을 보여주고 이해력을 돕는, 사진과 그림이 풍부한 지식 정보 그림책!

33. 이중섭의 은종이 그림 중에서

5. 모차르트의 가발 중에서